CB013373

DEZ ÍNTIMOS FRAGMENTOS DO INDECIFRÁVEL MISTÉRIO

Copyright do texto © 2011 Raimundo Gadelha
Copyright das ilustrações © 2011 Sérgio Gomes
Copyright da edição © 2011 Escrituras Editora

Todos os direitos desta edição reservados à
Escrituras Editora e Distribuidora de Livros Ltda.
Rua Maestro Callia, 123
Vila Mariana – São Paulo, SP – 04012-100
Tel.: (11) 5904-4499 – Fax: (11) 5904-4495
escrituras@escrituras.com.br
www.escrituras.com.br

Coordenação editorial
Mariana Cardoso

Assistente editorial
Ravi Macario

Capa
Sérgio Gomes

Projeto gráfico
Raimundo Gadelha e Sérgio Gomes

Diagramação
Renan Glaser e Ronaldo Ferreira

Revisão
Jonas Pinheiro

Impressão
Formag's Gráfica e Editora Ltda.

Dados Internacionais de Catalogação na Publicação (CIP)
(Câmara Brasileira do Livro, SP, Brasil)

Gadelha, Raimundo
    Dez íntimos fragmentos do indecifrável mistério/textos
Raimundo Gadelha; ilustrações Sérgio Gomes. – São Paulo:
Escrituras Editora, 2011.

    ISBN 978-85-7531-405-0

    1. Poesia brasileira I. Gomes, Sérgio.   II. Título.

11-09390   CDD-869.91

Índices para catálogo sistemático:
1. Poesia: Literatura brasileira   869.91

Apoio:

Impresso no Brasil
Printed in Brazil

Obra em conformidade com o Acordo
Ortográfico da Língua Portuguesa

RAIMUNDO GADELHA

DEZ ÍNTIMOS FRAGMENTOS DO INDECIFRÁVEL MISTÉRIO

Ilustrações
SÉRGIO GOMES

escrituras
São Paulo, 2011

Para Denise, Lenna e Raísa,
os três mais importantes fragmentos
do meu indecifrável mistério.

Sumário

A missão de dizer

Falar dos motivos que levam Raimundo Gadelha a escrever poesia representa algo difícil de explicar, uma espécie de sofrimento verdadeiro, já que, para ele, a poesia é mais para ser sentida e escrita do que explicada. Gadelha acredita no que ele chama de vazão de sentimentos. Não se discute, cada poeta tem seu rumo. A interpretação de si mesmo, equivale dizer a interpretação da poesia que produz, que lhe cabe guardar. Este novo livro, *Dez íntimos fragmentos do indecifrável mistério*, ricamente ilustrado por Sérgio Gomes, artista plástico alagoano, mostra uma poesia elaborada palavra por palavra, no sentido mais nítido do poema que se constrói vagarosamente, poemas longos com versos longos. O poeta começa por dizer: "Grandes cidades vivem dentro de mim". Uma espécie de mote, porque os poemas a seguir sempre remetem a poesia para o inexplicável e, ao mesmo tempo, para uma paisagem clara, para a nitidez que o poema estará sempre a exigir. O livro, em si, é uma verdadeira obra de arte, como objeto que prima pela Beleza. As cidades de Raimundo Gadelha, descritas em seu poema, são misteriosas, vivem dentro dele e ele por elas deixa-se engolir. Os poemas resvalam, propositadamente, à construção da prosa poética, como se a contar uma história, com começo, meio e fim. "Vou até a janela, imagino o fio de rio lá fora,/.../", escreve, deixando que o olhar descubra as imagens que se fazem por palavras para que ele, o poeta, consiga arrebatar-se para a *liberdade sob o sol*. O livro é uma viagem em que a vida se desnuda e se deixa descobrir, mesmo com "essa estranha sensação de ser" . É preciso, sempre, lembrar os momentos de luz e sombra a que se refere o poeta em sua poesia, esse instante de magia que se revela e se deixa estender pelas páginas. O poeta avança em passos largos e outros lentos, a colher palavras e devaneios, o que resta do sonho a sonhar: "Depois sigo sem pressa por ruas, becos, guetos.../ Buscando lugares onde o cheiro forte, a escuridão e o perigo/ certamente dariam fim à inquietante rotina". E mais adiante: "Sem resistência, alma, entrego-me ao regresso...". Talvez, o destino, aquele que, "mais uma vez, estala o seu chicote", como diz o poema. Um poema de quem faz um apelo a si mesmo e à própria poesia, já que "nem o sol que arde nesta tarde de domingo/ dissipa esta sensação de frio e solidão". Mas é mesmo preciso estar só. Afinal, o poeta informa, por seu poema, trazer a "tristeza de séculos estampada no rosto/.../". Dessa solidão nasce a palavra mais correta que pede o verso para se completar, sabendo, antes – é preciso – que "os sonhos mais caros são pássaros ariscos/ Por um instante, arriscam chegar perto.../ Logo levantam voo e no distante se perdem". Esse é o voo também dessa poesia que se deseja, que se encontra, por exemplo, "no ar, um delicado cheiro de romã". Em certo desencantamento de uma paisagem de sua intimidade, o poeta diz que "o espaço, sem signos e sem símbolos,/ é negro e profundo ponto de fuga/ Nele não há *liberdade* ou *sol*, só a ausência de tudo". Sim, a ausência de tudo, destino de todas as coisas.

No entanto, há o outro lado, como uma defesa: "Mas o mundo real não faz gratuitas concessões/ Nele escasso é o espaço para o necessário alívio...". Raimundo Gadelha tem nos poetas eternos sonhadores inconformados, como ele se diz. Afirma ser impossível obter a realização, além do alívio por concluir um poema ou um livro inteiro. E está correto. Porque será preciso sempre mais, porque, por serem carentes, os poetas – como assegura Gadelha – vivem como se a necessitar de constante preenchimento de novos poemas. Como observa, o espaço para a poesia é mesmo o sideral, já que ela praticamente sumiu das prateleiras das livrarias e também das escolas. Cabe então ao poeta, um visionário, preservar a memória da poesia. Seria uma espécie de missão do poeta na Terra? Tudo neste *Dez íntimos fragmentos do indecifrável mistério* foi calculado com zelo. Ao trabalhar em seu livro, até como objeto de arte, Raimundo Gadelha pensava nas ilustrações que poderiam habitá-lo seguindo a mesma linha dos poemas. Como observa, queria um livro de "poesia em quadrinhos". Tinha de encontrar, então, um ilustrador que conseguisse desenvolver os poemas em traço, para que fosse possível apresentar duas leituras. Encontrou o artista plástico Sérgio Gomes, o que significou um momento mágico também transformado em poesia. Assim o livro segue, com duas imagens, a da palavra e a das ilustrações. Não são imagens distantes, porque se misturam numa amálgama perfeita, completam e completadas são, o que nos leva a concluir que *Dez íntimos fragmentos do indecifrável mistério* é um livro de sonhos, já que os "poemas são pássaros,/ palavras à disposição do acaso" ou desvelando indesejáveis verdades. Os poemas, "sem alarde – silencioso sofrimento –/ passam no fim de tarde – sílabas de poente solidão –/ aquarelando saudades nunca imaginadas...".

Dessa longa viagem, o poeta leva seu leitor a todas as distâncias e também ausências, talvez dor, talvez esperança, talvez busca, talvez descoberta, talvez encontro, talvez solidão, talvez alma, talvez liberdade, talvez o sol. O poema e a poesia, em certo momento, dizem em *desencanto*: "No ar apenas rastros de um caminho circunstancial e sem volta". Ao falar com sua alma, o poeta diz entregar-se ao seu próprio regresso, sem qualquer resistência. Afinal, visto de longe, o planeta Terra é somente um ponto minúsculo do Universo. Assim, o poeta prefere mergulhar no nada. Talvez como sua própria salvação, ao lidar com essa poesia tantas vezes feita de ferimentos. Dessa longa viagem, em certo poema o poeta confessa, certamente entregue à sua própria sorte: "Pouco se passou e cá já estou, essencialmente só...". Essa solidão que se faz necessária. Ele conclui que "já não existe presente e o futuro se desfaz". No fundo, o poeta sabe que não. Que há sempre o que seguir e realizar. Não é à toa que ele diz que este livro "fluiu da inexplicável e inesperada emoção, de um susto cósmico, de um arrebatamento do indecifrável mistério".

A palavra cumpriu sua missão de dizer.

Álvaro Alves de Faria
Poeta, escritor e jornalista

Deus não joga dados com o Universo.

-Albert Einstein

*Deus não apenas joga dados com o Universo, como,
às vezes, os atira onde não podem ser vistos.*

-Stephen Hawking

Liberdade sob o sol

Grandes cidades vivem dentro de mim,
sanguínea intimidade que de todo desconheço
E como todas as cidades, crescem desordenadamente
sempre buscando vazão para o outro mundo aqui fora

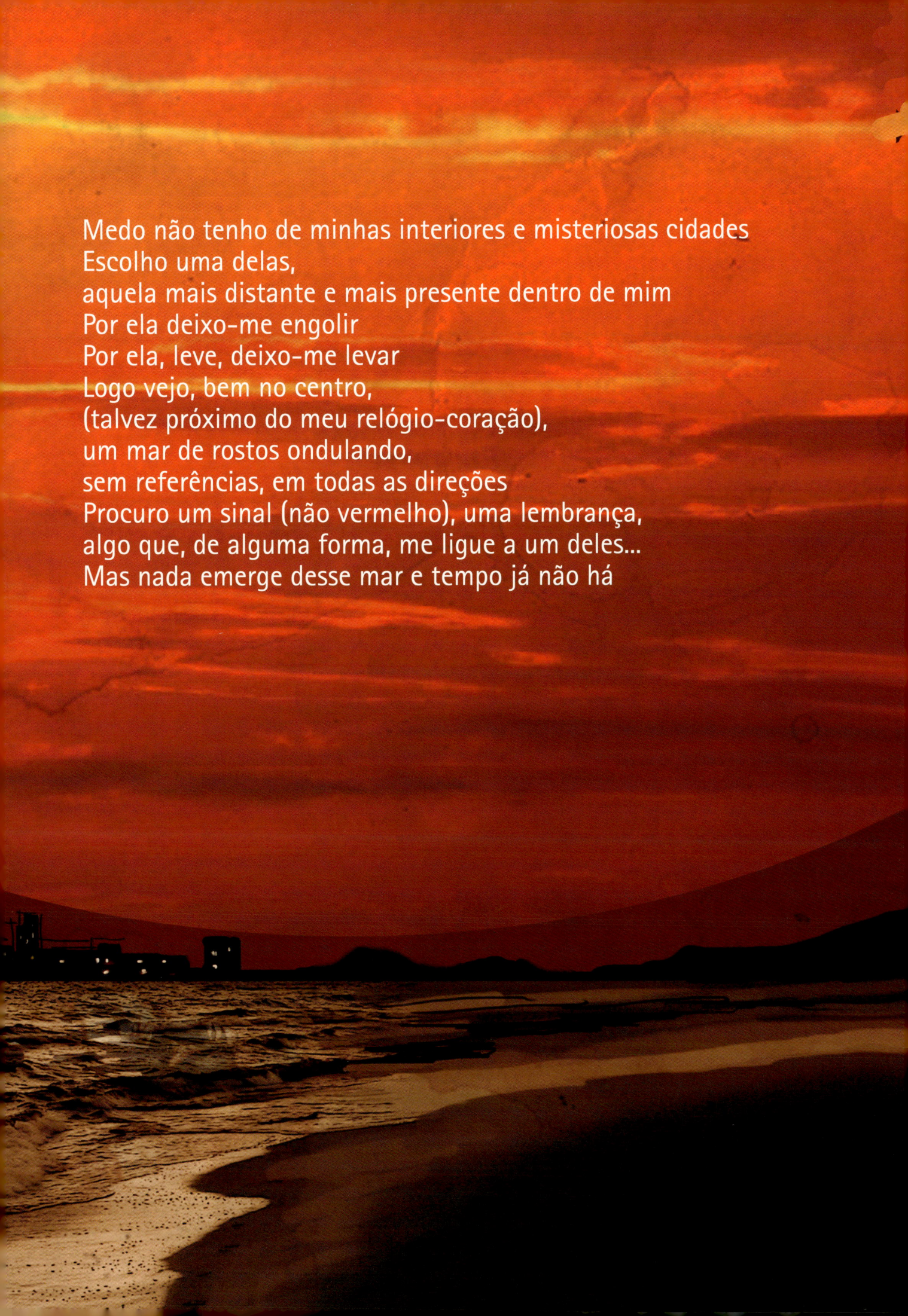

Medo não tenho de minhas interiores e misteriosas cidades
Escolho uma delas,
aquela mais distante e mais presente dentro de mim
Por ela deixo-me engolir
Por ela, leve, deixo-me levar
Logo vejo, bem no centro,
(talvez próximo do meu relógio-coração),
um mar de rostos ondulando,
sem referências, em todas as direções
Procuro um sinal (não vermelho), uma lembrança,
algo que, de alguma forma, me ligue a um deles...
Mas nada emerge desse mar e tempo já não há

Depois sigo sem pressa por ruas, becos, guetos...
Buscando lugares onde o cheiro forte, a escuridão e o perigo
certamente dariam fim à inquietante rotina

No lúdico percurso, como se lúcido ainda fosse,
encontro, dentro de mim, minha própria idealizada casa
Paredes caiadas, janelas em arco,
portas sempre escancaradas, cadeiras na calçada,
roupas penduradas no varal,
pés de pitanga e goiaba no quintal...

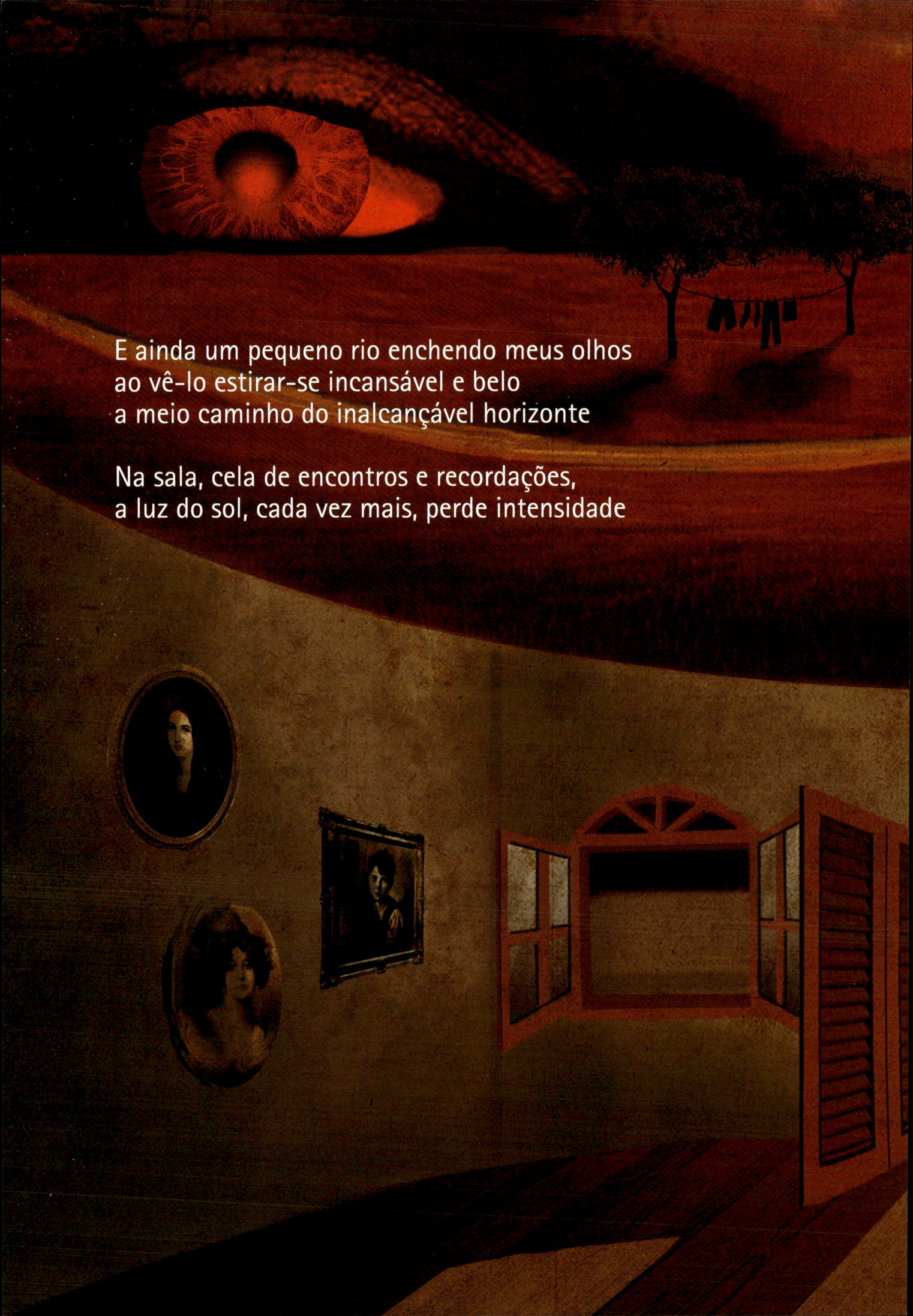

E ainda um pequeno rio enchendo meus olhos
ao vê-lo estirar-se incansável e belo
a meio caminho do inalcançável horizonte

Na sala, cela de encontros e recordações,
a luz do sol, cada vez mais, perde intensidade

e retratos desgastados pelo tempo
pedem para permanecer na penumbra

Caminho acompanhado de tímidas sombras
que me desfiguram nas paredes do corredor
e vejo que sobre uma tênue ponte estou

Ponte. Devida divisa de mundos, a porta do quarto...
A porta do quarto da casa que ainda não existe
mas, sei, há muito, vive dentro de mim

Tomate, cebola, alho, azeite, sal, vinho tinto,
açúcar, pimenta, noz-moscada, manjericão...

Antes que eu ponha a mão no trinco,
vem da cozinha e espalha-se por toda a casa
o aroma do molho amorosamente preparado...
Finalmente, toco o trinco da porta do quarto,
do quarto da casa que ainda não existe
É lá que mora a amada que ainda não tenho,
mas que, também há muito, sei existir

Entro e o quarto apresenta-se grandiosamente vazio
Onde estaria a amada? Saiu. Volta num instante?
Sem resposta, resta-me apenas esperar
e, na espera, sentir tudo em volta...

No guarda-roupa ainda está contido
aquele vestido do último baile a que nunca fomos
Ver o cabide, sustentando com firmeza
a parte reservada aos delicados ombros da amada,
deixa-me à parte, escombros de um passado
passado do outro lado dessa cidade ainda inexistente

Vou até a janela, imagino o fio de rio lá fora,
agora estirando-se belo e preguiçoso rumo ao horizonte...
Não quero, não desejo abrir sozinho essa janela
Com olhos marejados,
no quarto da casa da cidade ainda inexistente,
escuto a amada, que ainda não tenho, murmurar docemente:
Venha, arrebate-me daqui!...
Venha, arrebate-me para a liberdade sob o sol!

Montanha e pó

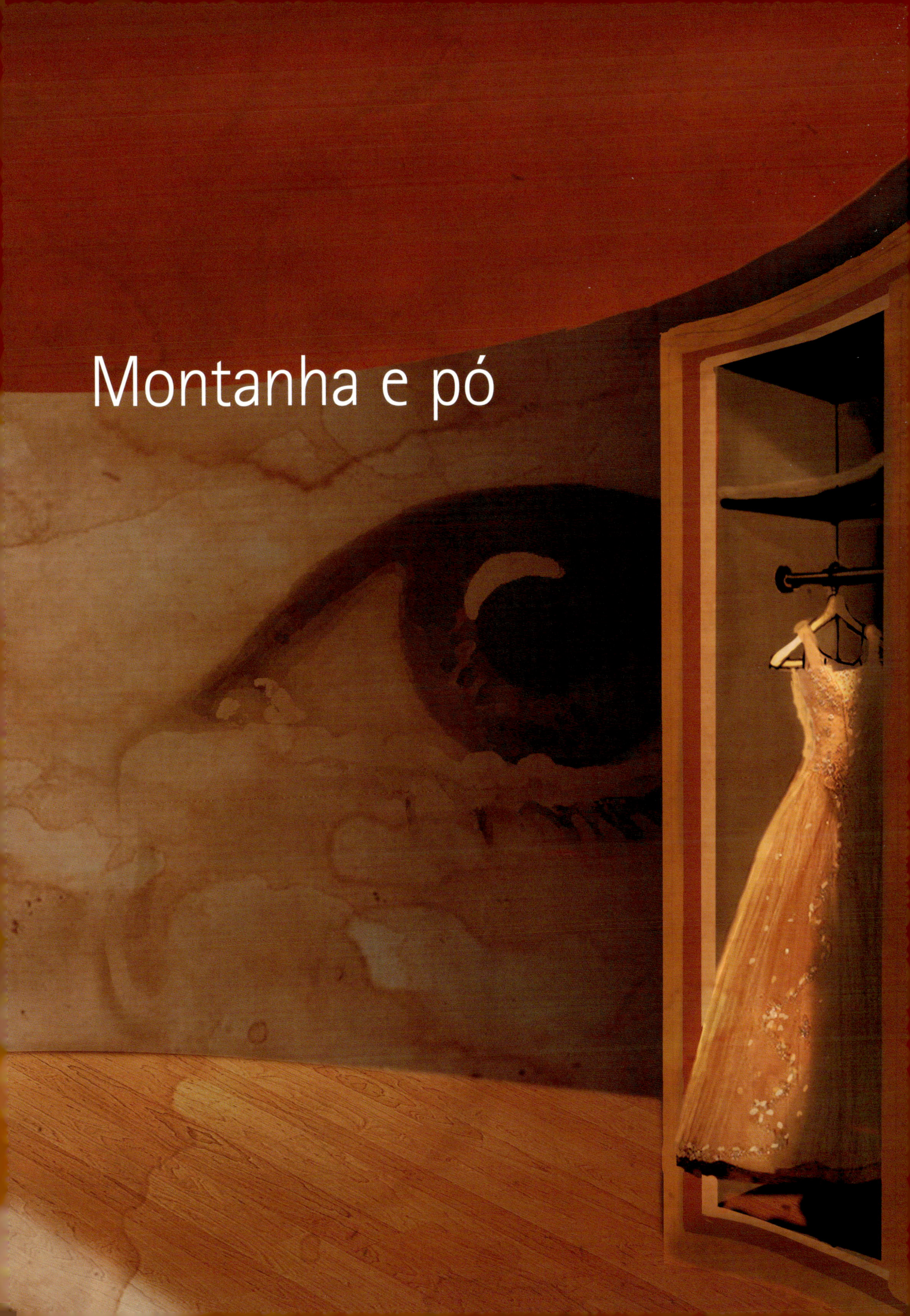

Vidros embaçados pela chuva
filtram e modificam formas e cores...
Abro a janela e ao longe,
em tons de delicada aquarela,
ergue-se – imponente – a montanha

O vento revira papéis, assanha árvores
e no espaço segue destilando melancolia...
Mas, num repente, o pente do tempo,
desfiando um novo alento, traz um outro dia
E enquanto, no aparelho de som, chora um bandoneon,
cá dentro preso estou à visão da montanha lá fora

Sem saber por quê, sinto-me parte dela,
alguém que, tendo partido, saudades tem
e, mesmo com o coração partido, às raízes se atém
No rosto, nas mãos, no resto do corpo
cicatrizes são meras evidências da excessiva exposição
Mas, além de sólida montanha, também sinto-me pó

Olho a montanha como se despedindo-me estivesse
e percebo que tudo à minha volta foi, mais e mais,
ficando igual à outra metade do que sinto que sou
Pressinto que se esvai o desejo de *liberdade sob o sol*...

Com essa estranha sensação de ser,
a um só tempo, homem e pó,
que resistências terei que vencer?
E em que residência, de verdade, acolhido serei?
Ser rei de um momento, de um espaço qualquer
existente entre a montanha e o pó,
essa chance, algum dia, ainda merecerei?

O pó da antiga máquina de datilografar
cobre, silenciosamente, todas as teclas
Quantos poemas nela não deixaram de ser escritos?
Quantas cartas de amor ainda perdidas
entre estes frios e empoeirados tipos?

O piano encerra tristes segredos musicais
enquanto amareladas partituras gritam inaudíveis réquiens...
Tudo sob o olhar severo da mulher presa na pintura
cuja textura parece sucumbir ao peso do tempo...

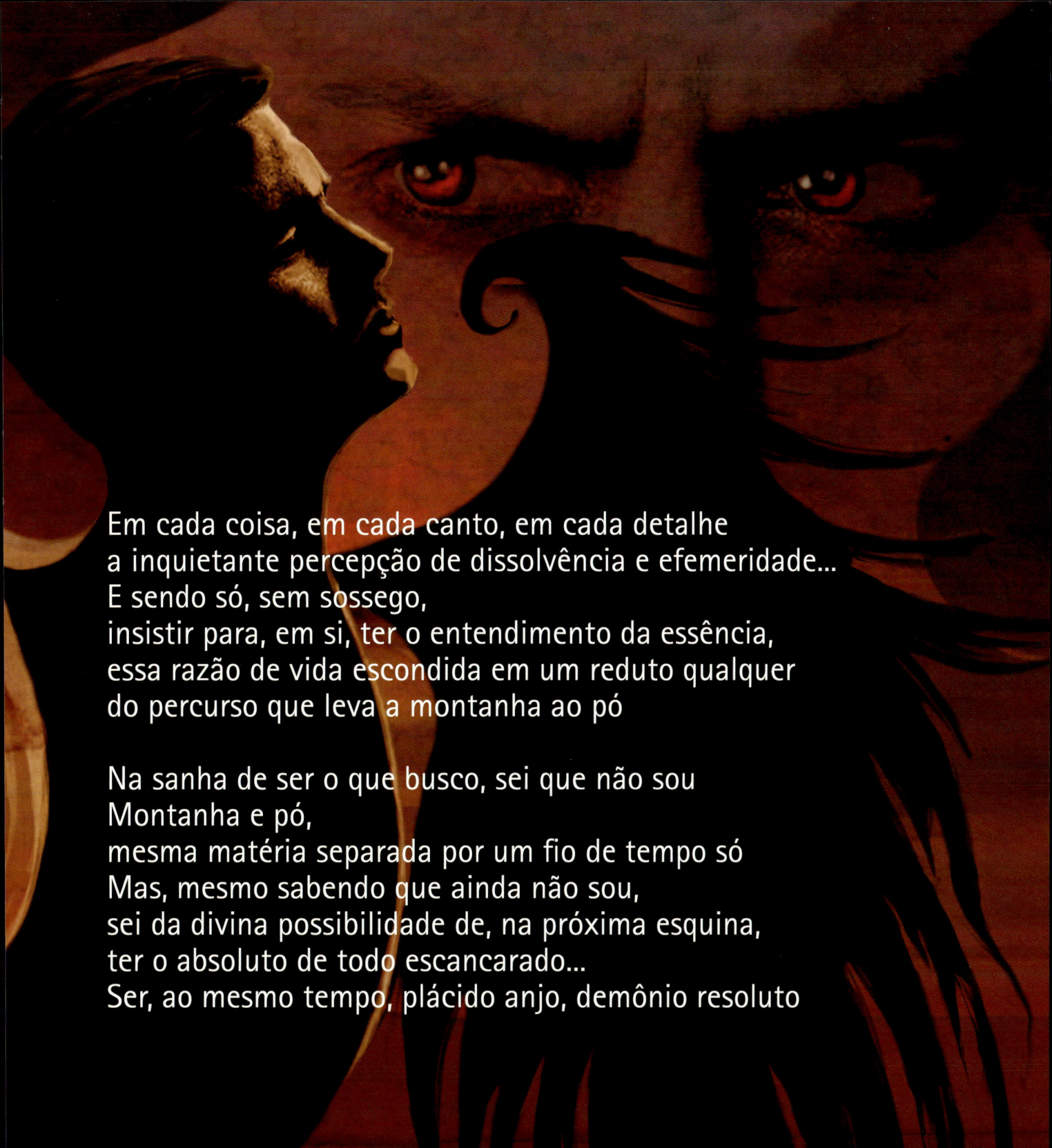

Em cada coisa, em cada canto, em cada detalhe
a inquietante percepção de dissolvência e efemeridade...
E sendo só, sem sossego,
insistir para, em si, ter o entendimento da essência,
essa razão de vida escondida em um reduto qualquer
do percurso que leva a montanha ao pó

Na sanha de ser o que busco, sei que não sou
Montanha e pó,
mesma matéria separada por um fio de tempo só
Mas, mesmo sabendo que ainda não sou,
sei da divina possibilidade de, na próxima esquina,
ter o absoluto de todo escancarado...
Ser, ao mesmo tempo, plácido anjo, demônio resoluto

Luz e sombra
Eu mesmo esperando um outro de mim,
sopro o pó sobre esquecidos livros na estante
e no instante seguinte, mais uma vez, vislumbro a montanha

Fecho a janela e com um enigmático sorriso no rosto
brinco de fazer desenhos no pó sobre a escrivaninha...
Fito longamente meus dedos sujos...
Caminho até o espelho e procuro-te em meu próprio rosto
Nada encontro
Não és montanha, não és pó
És deslavada imagem de desencontro
És lembrança, lembrança só.

Oásis

O destino, mais uma vez, estala seu chicote
e para sempre instala a certeza:
não existe verdadeiro oásis
no deserto que, decerto, sei que sou

Soam falsas as poucas e ocas palavras
Mirram as imagens como se miragens fossem
Balsas já não há para a travessia
O sonho despencou em infindável fosso
Alastra-se a sensação de vazio,
pois, mesmo intenso, tardio foi o querer
Lentamente e sem qualquer resistência,
exaure-se a almejada *liberdade sob o sol*
Sobra silenciosa ária, árida existência

Por entre as cortinas em leve agito,
passa um suave raio de luz,
surdo grito enquanto tudo se dilui

Sobre o mesmo velho piano, cela de segredos musicais,
pó e porta-retratos evidenciando que nada mudou
ainda que tamanha tenha sido a vontade

Lá fora, além dos limites da cidade,
a imponente montanha em permanente vigília...
Mesmo sentindo-me inteiramente parte dela,
cá estou, ainda residindo no mesmo lugar
e triste é constatar que, após tanto tempo,
nem resíduo restou do sonho maior

Na cidade a alma perde referências e endereço
Invisível e impune, desconhece privacidade
e no ermo mergulha buscando um novo recomeço
No alto, em rápida passagem,
estrelas riscam no firmamento indecifráveis mensagens
O sentimento de *liberdade sob o sol*
escondeu-se, seguro, em qualquer ponto do ontem

Aviões continuam singrando os ares
Espanto não haveria se, no denso azul,
brancas nuvens sangrando dançassem
ao som daquele mesmo antigo bandoneon

Nem o sol que arde nesta tarde de domingo
dissipa esta sensação de frio e solidão
Nas ruas desertas, o vento revira e conduz ao léu
folhas secas e papéis com antigos escritos...
Sob o céu proscrita está a *liberdade sob o sol*
É certo, não mais importam *montanha e pó*
E não há, longe ou perto, o sonhado *oásis,*
só uma miragem cavalgando, sem rumo, em delicada aragem.

Cansaço

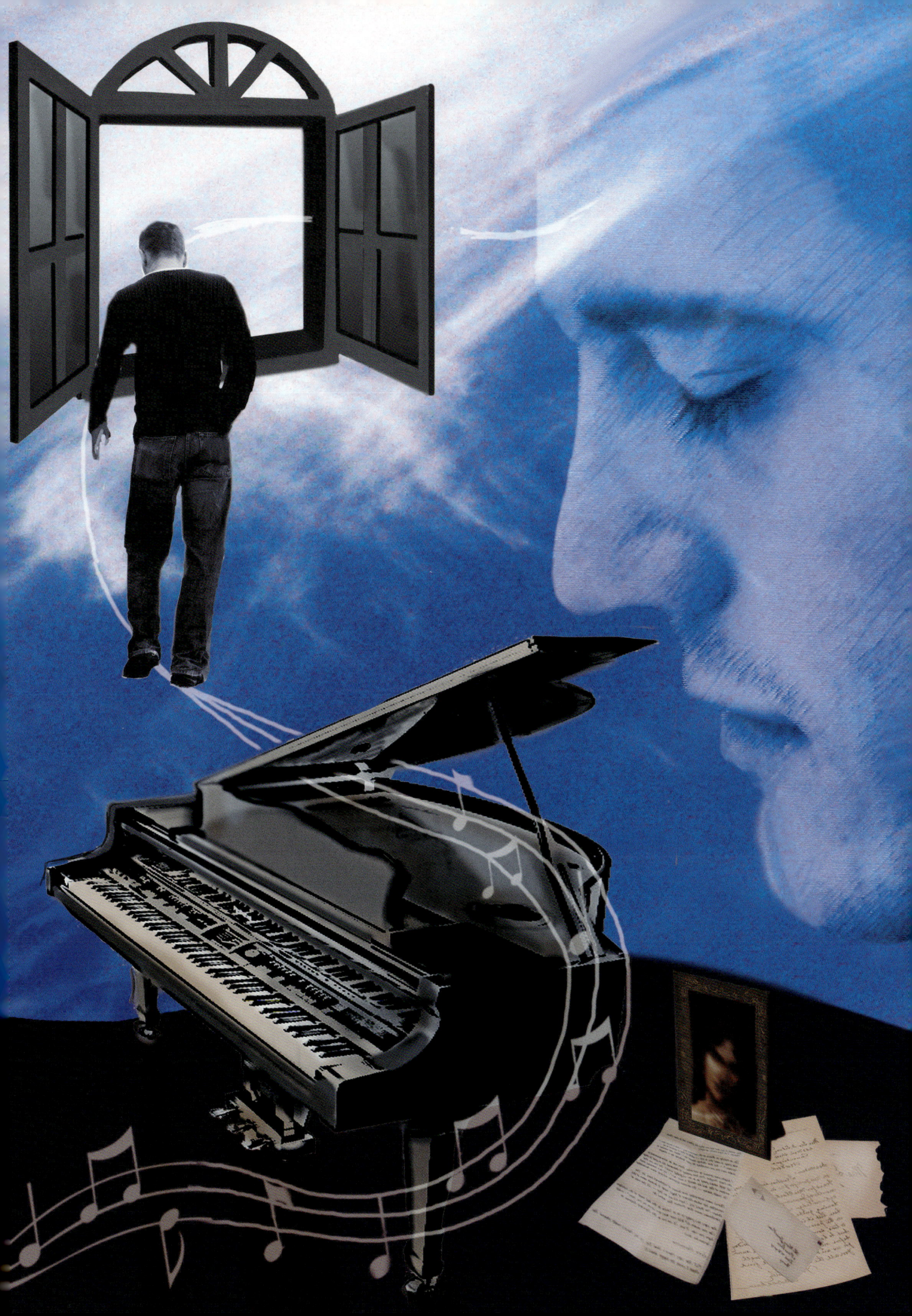

Pesa a sensação de que, de repente,
tudo passou a me ocupar em excesso
Enquanto peço – nem sei a quem –
que mais rápido passe o tempo,
tenho meu próprio corpo imerso
em um imenso acúmulo de coisas
Algumas eu uso com frequência
De outras raramente me servi,
mas sempre me vi cercado por elas
e muitas nem sei por que aqui estão...

Ocupado com essa questão, triste constato:
nada do que faço tem a força de satisfazer
Entre o piso e o teto desse espaço,
preso ao completo peso da ausência,
busco no falso riso um escudo, mas,
sem clemência, instala-se o cansaço

E já não importa, sobre o pó do velho piano,
o porta-retratos com a fotografia
de um ser não inteiramente revelado

Na nostalgia as horas parecem não ter pressa
Cartas, bilhetes, paredes, desvãos...
A solidão, lentamente, em tudo se expressa...
Penso, então, em caminhar até a janela,
fechar os olhos e sentir o denso azul do céu,
mas o caminho é um fino cordel
feito de tênues réstias de desejo...
Assim, logo vejo que só me resta esperar que,
como as brancas nuvens, tudo brandamente passe
Não há mais impasse, apenas vontade também não há
A verdade é que não faz sentido tentar ver o lá fora
diferente de tudo o que, aqui, agora sinto

Com o sonho suspenso, dispenso desculpas e perdões
Recolho-me reconhecendo minhas culpas, meus senões
E no ensejo, após diluído o sonho,
doído vejo a janela apenas como mera possibilidade
Até porque, dissipada a ânsia,
mesmo à distância, é fácil compreender
que em cada olhar, em cada gesto
somos responsáveis pelo que acontece
E enquanto no sono se busca refúgio
o tempo, implacável, a morte tece
No corpo o peso, o cansaço que a alma merece.

Desperdício

Após todos os riscos e sacrifícios, claro fica:
os sonhos mais caros são pássaros ariscos
Por um instante, arriscam chegar perto...
Logo levantam voo e no distante se perdem

É certo, os sacrifícios são filhos da emoção
Desgarrados no mundo, são órfãos da razão
Vêm do ventre, da vontade de ter
Vivem e se alimentam do vício do querer
Seus senhores, no infindável embate
em que nada nunca satisfaz,
geram e vítimas são de seus próprios temores
Pois o querer ser e ter sempre mais
nos faz ver e nos ater a miragens,
imagens que escondem armadilhas
e cujas misteriosas trilhas são,
a um tempo só, minaretes e perdição

Delas emanam sonhos de nuvens, vento, mares...
Lugares até mesmo de mapas desprovidos
Nelas sentidos se misturam e confundidos são

No ar, um delicado cheiro de romã
(onde o prodigioso quintal?)
No chão, cartas e bilhetes rasgados,
silenciosamente conduzidos por uma brisa miúda...

Com um gosto amargo na boca e, decerto,
o medo de lançar um último olhar à foto sobre o piano,
fecho os olhos delicadamente e, com o tato,
brinco de reconhecer a máquina de datilografar...

Mas o fato é que dominado sou pela sensação de inutilidade
E apenas sei que tudo isso valeu a pena
somente por hoje, sem receio, poder dizer:
O vício do sacrifício sem que nada construído seja
tão só enseja a certeza do desperdício
Ainda assim, mesmo com todo o *cansaço*,
o que faço é nunca desistir de buscar a felicidade,
não importando onde ela esteja...
Contudo, e em tudo espalhado,
instala-se em meu rosto um traço de resignação
fazendo-me desansiosamente concluir:
sempre vivendo entre o paraíso e o precipício,
amiúde, com meus próprios anjos e demônios, fiz o que pude

Quis e, em momentos fugazes, quase fui feliz
Mas sempre o castigo é mera questão de tempo...
Sem qualquer afago tudo será devidamente pago
O sorriso de hoje, amanhã será ruga ou mesmo cicatriz
O que emocionado agora se diz, logo voa, passa como nuvens,
valerá, talvez, em um outro país

E toda essa enorme tristeza vem da constatação do vício
de, em vez de homem e mulher, insistirmos em ser ator e atriz
Neste ato, o reduto do inexpugnável desperdício.

Desencanto

Houve o tempo do sonho de *liberdade sob o sol*
Nele claro estava que o amor, de tão intenso,
duraria até a montanha transformar-se em pó
Hoje, só vontade de não ser, de não ter...
De sumir, diluindo-se no ar para, quem sabe,
naturalmente, ao todo mais se integrar...

Pouco se passou e cá já estou, essencialmente só...
Só, em meio à tempestade deste desconhecido deserto,
onde, vinda com o vento, diz uma voz que,
do sonho, a realidade é o mais implacável algoz
Ainda assim e decerto movido pelo que em nós há de melhor,
acreditei que aqui, bem perto, encontraria o *oásis*...
Mais uma quimera, posto que o que hoje me é imposto
é o oposto de tudo o que eu sempre quisera...

Na mera retórica, fáceis são a vida, o amor, o convívio...
Mas o mundo real não faz gratuitas concessões
Nele escasso é o espaço para o necessário alívio...
Noite e dia luto, mas quase absoluto, bate o *cansaço*
Cansaço que, passo a passo, me faz ver que, na sala do tempo,
a vida segue servindo de palco para pequenas e grandes mentiras
O que se foi, o desejo de ainda ser... tudo rasgado em tiras,
tristes alegorias que, suavemente, acenam adeus

Já não existe presente, o futuro se desfaz...
Para trás, sem mapas ou sinais, ficam estradas vicinais,
veias que se alastram e se perdem no próprio corpo
e deixam apenas rastros do injustificado *desperdício*
Mas na perda, sentido não há, só um profundo pesar
que se espalha silenciosamente por cada ponto, por cada canto...
Até que, imenso e definitivo, se instala o desencanto.

Poemas são pássaros,

palavras à disposição do acaso

ou desvelando indesejaveis verdades

Sem alarde - silencioso sofrimento -

passam no fim de tarde - silabas de poente solidão -

aquarelando saudades nunca imaginadas...

Voo sobre fogo

Poemas são pássaros,
palavras à disposição do acaso
ou desvelando indesejáveis verdades
Sem alarde – silencioso sofrimento –
passam no fim de tarde – sílabas de poente solidão –
aquarelando saudades nunca imaginadas...

Destino já não há, apenas um eterno seguir
Seguir sem *liberdade sob o sol*
E não importa o tempo, entregue ao vento,
o intento só perderá seu alento
quando a montanha se transformar em pó

Estes pássaros-poemas, voando a esmo neste espaço,
são refrações, significâncias pouco traduzíveis...
Letras que se desprendem de uma triste história
e despencam nesta cinza tarde de inverno
A memória traz quadros de onde fogem figuras
e o que permanece são vazias e inquietantes molduras
Estes pássaros, em meio a tantas tormentas,
já não acreditam ser possível encontrar o *oásis*
O verdadeiro porto-seguro é o invisível voo,
pois o futuro – cego – tropeça em coisas e pessoas

O *cansaço* é mais uma peça pregada pelo destino
E por mais que necessário seja, regresso já não há,
pois – nas nuvens – apagadas foram todas as pegadas
Por entre as últimas réstias do sol,
os pássaros se prestam a mais um voo pelos desvãos do céu,
mas com eles também pesadamente vão
a certeza de *desperdício* e completo *desencanto*

Não tem talvez: estes pássaros-poemas sou eu mesmo,
mergulhando, sem qualquer preocupação com a volta,
no profundo e obscuro dilema da vez.

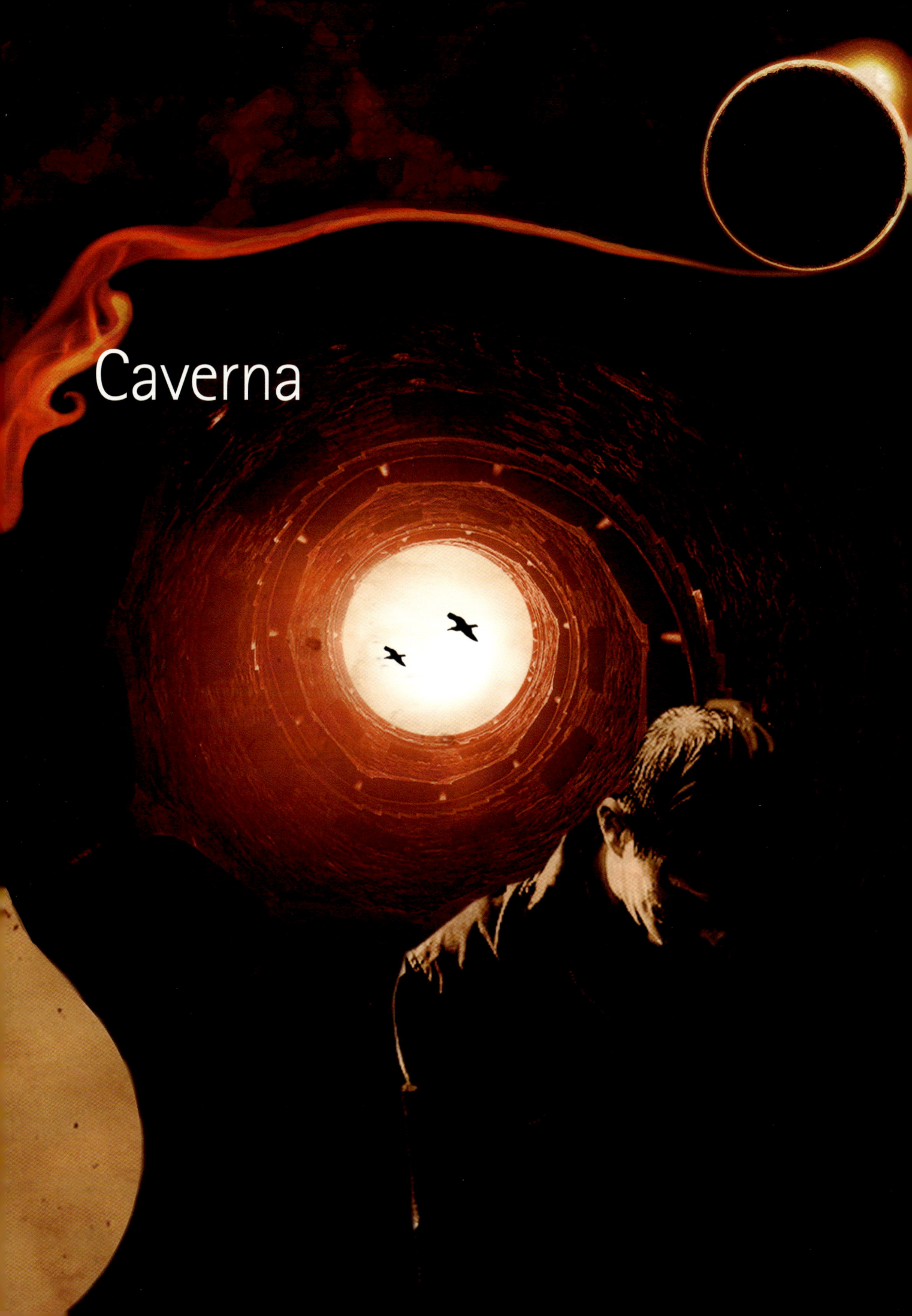

Caverna

Antes de entrar, mesmo ofuscado pela luz do sol,
fixo o olhar na palma da mão e pergunto:
se fosse possível nela ver o futuro
o *napalm* poderia ter sido evitado?

Vejo, nos céus de um mundo em guerra,
pássaros aflitos em *voo sobre fogo*...
Em terra, crianças nuas e queimadas
correm a dor e o desespero de não ter aonde ir
A paz do passado jaz à inalcançável distância
O presente se desfaz em chamas
Ruíram as pontes para o futuro
As fontes de esperança são, agora,
escuro e desconhecido fosso
O mundo, como se um filme fosse,
em mais uma trama, exibe o drama do apocalipse

A caverna é princípio e eclipse do sentimento...
Em seu interior, homem recluso, me recuso
a ser parte do homem que me ensinaram ser
Parto de mim mesmo sem ir à parte alguma
Dispo-me da lógica, despeço-me da razão
Puro instinto animal, vivo apenas o que sinto ser essencial

Como, então, a tudo isso assistindo
pretender a *liberdade sob o sol*?
A caverna é a caserna de convenientes verdades,
E é lá, abrigo e idealizado lar, onde se tece e se queda o sonho
É lá – poço de mistérios e conflitos –
onde se contorce a alma e se quebra a esperança
Pois o lar, em qualquer lugar, é quase sempre suposto *oásis,*
ilusório porto-seguro, ponto de fuga para o inatingível

E de cada canto surge, assustadoramente,
a sensação de *cansaço* e *desencanto*
Pois na *montanha*, seio da terra,
sei que tudo o que foi tentado,
tudo o que, durante tanto tempo, foi feito
redundou em *desperdício, desperdício* só...

Cá dentro, não mais a vontade de contemplar a montanha
Só essa estranha sensação de que não mais importa o lá fora
Todas as portas agora estão fechadas
Coisas, pessoas e lembranças se fragmentam,
definham no sumidouro das horas
qual a memória das fachadas de antigas casas
ou anotações para o poema nunca escrito

Necessário se faz no tempo o regresso
para, no devido tempo, ter da vida o reverso
e, quem sabe, lá na frente o resgate do sonho disperso

A caverna, útero da montanha, mais que abrigo
é liberdade que prescinde de espaço maior
Refaço a expressão, cerro os punhos e os olhos
e tenho a impressão de que é chegado o momento

E eis que, no silêncio do aconchegante escuro,
encolho-me e entrego-me ao pleno esquecimento...
O futuro, o renascimento... tudo talvez presente esteja
nas palmas de outras mãos.

Transfiguração

Lá fora, o melodioso canto dos pássaros
era providencial indício de que chegara a hora
Permanecer na *caverna* – pedra d'ara em desuso –
era apenas difuso e inútil sacrifício
Em suas entranhas – além de sonhos – deixei
parte de mim, minhas mais estranhas sensações...

Perdera-se nos labirintos que por muito habitei
o anseio do encontro de uma *liberdade sob o sol*
Em cheio atingido fui pela certeza:
o sonhado *oásis*, sei, há muito, secou,
cedeu espaço ao *desencanto* e ao *cansaço*...

Trazendo tristeza de séculos estampada no rosto
e, mais uma vez, ao mundo inteiramente exposto,
pendurei meu pouco corpo, pouca cor, no varal
Quase branco, ele ao lado de brancas e coloridas vestes,
ao sabor do vento agitou-se em acenos de despedida

Minha alma, na hora da partida, hesitou por um instante
Contemplou o horizonte distante e seguiu sentindo-se liberta
Minha alma, corpo meu de todo dispensado,
dispersou-se mundo afora
Fauna de tantas feras; flora e espinhos, sim e senões...
Tantos guetos e becos, sujos e sórdidos porões

Ganharam corpo as lembranças e a sensação de *desperdício*
enquanto lá longe, meu corpo continuou largado ao sol
e, sem alma, sentiu-se mera isca presa ao anzol do destino
Em um segundo qualquer do tempo entre *montanha e pó,*
com surpresa, viu uma ave arisca brincando de riscar o arco-íris
E mesmo sem alma, chorou ao ouvir
o silêncio dos pássaros mortos que,
desatentos, entregaram-se a um *voo sobre fogo*

Vinha alma, que sempre esteve por um triz, novidades quis
Vasculhou as gavetas da noite e dela ouviu todos os gritos
Sem resistência e sob o sol a pino de um tempo nunca findo
Viu o sofrimento de meninos em desolada existência...
Sentiu, em si mesma, o olhar dolorido que mora e chora
Nos olhos subtraídos de brilho dos desvalidos

Então minha alma, por fim, se cansa
E cansada decide retornar e retomar meu corpo
Mas logo encharcada de pranto ficou...
Meu corpo, há tanto abandonado no varal,
Já não mais estava, perdeu-se diluído no tempo

No ar apenas rastros de um caminho circunstancial e sem volta

Regressão

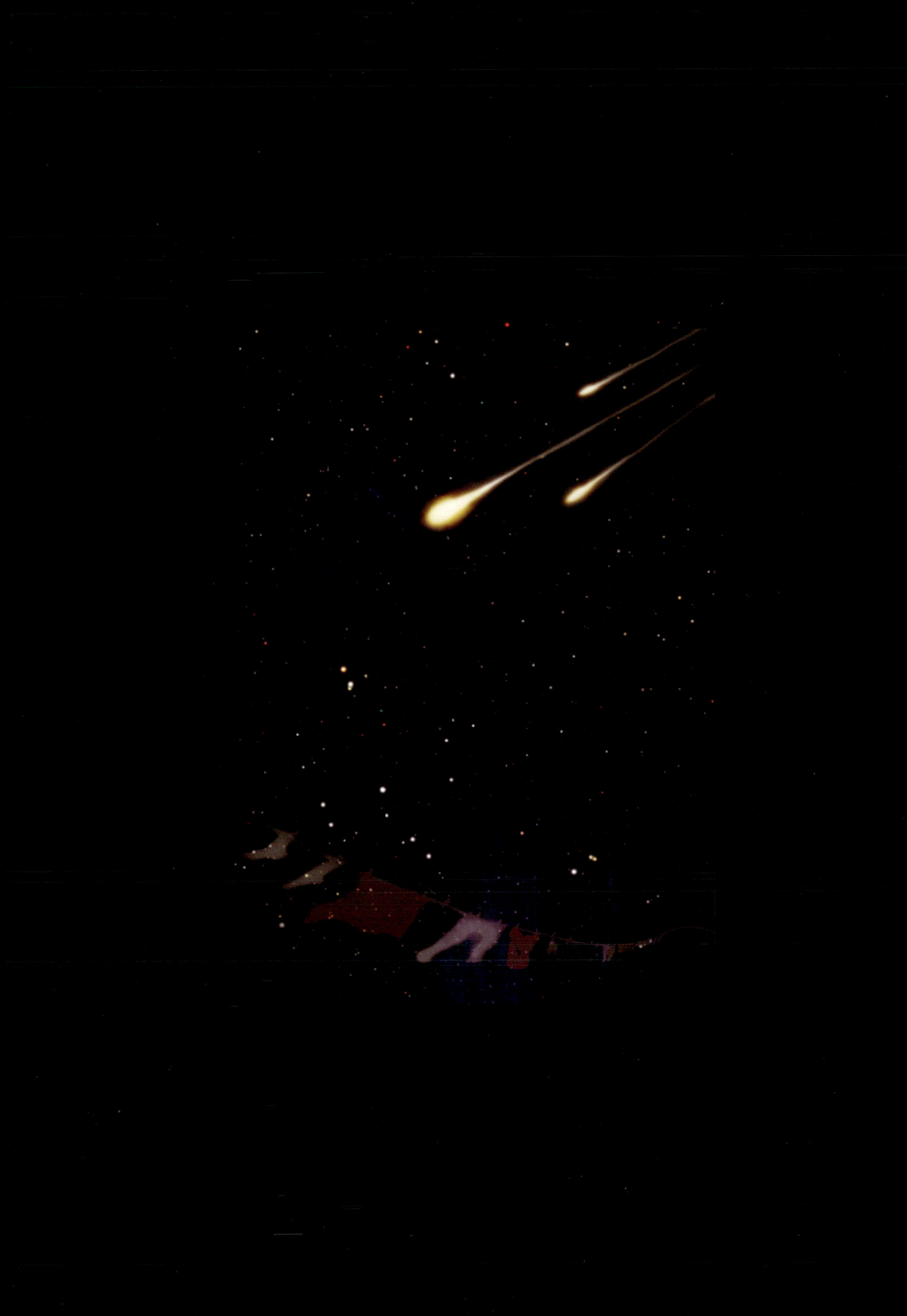

Ainda com a lembrança do meu corpo
oscilando entre brancas e coloridas vestes
na solidão de um distante varal,
minha alma se foi, ganhou o espaço
misturando-se aos mistérios do Universo

Quis engolir, sentir o gosto da poeira cósmica...
Mas como, se boca já não tinha?
Com que olhos, então,
seguir o rastro das estrelas cadentes?

No denso silêncio do vácuo absoluto
o que ouvir quando, do outro lado,
os próprios ouvidos lentamente dissecavam?
Cometas e meteoros riscam o espaço
em bela e indecifrável epifania...

Na alma a tentação de subir ainda mais,
perder-se mais e mais no desconhecido,
deixando para trás a saudade de um endereço qualquer
Mas, em vez de subir, melhor não seria sumir de vez?

Difícil buscar no Universo a própria tez
quando, perdido o corpo, o que resta é enigmática imensidão

O espaço, sem signos e sem símbolos,
é negro e profundo ponto de fuga
Nele não há liberdade ou sol, só a ausência de tudo

Do outro lado, sob o sol, o corpo quara cada vez mais...
E branco, branco, branco logo transparecerá
A distância temporal entre *montanha e pó*
é total insignificância só agora constatada
No escuro, tão estranhamente acolhedor,
dissipam-se as sensações de *cansaço* e *desperdício*

E, no cósmico deserto, instala-se a convicção:
O *oásis* sempre foi o que verdadeiramente fui,
mesmo quando não sabia onde, como e por quê

Na antiga *caverna*, contraponto do nada,
bem guardada ficou a mais forte saudade de mim
Diluiu-se no tempo a vontade de voltar a ser o mesmo,
mesmo que, pelos outros e por mim mesmo,
nunca tenha sido plenamente entendido

Retratos, bilhetes, e-mails, cartas de amor...
O que tudo isso significa ou um dia significou
quando a alma perde suas âncoras e voa sem rumo?

Enquanto isso, o tênue fio do varal,
com o corpo balançando ao sabor do vento,
ameaça romper-se a qualquer momento...

Dos fios da rede elétrica, em bandos,
aves migrarão em brandos voos...
Não sei para onde irão, como também já não sei
dos cadarços dos sapatos que já não uso

Alma sem corpo e sem referência do onde e do como,
como resgatar a lembrança do primeiro beijo?
Do ponto em que me vejo o que encontro e sou
é este impalpável e infinito desconforto

Estarei, então, pronto para o retorno?
E meu corpo, já não estará excessivamente castigado,
tão inertemente exposto às intempéries
bem ali, muito, muito abaixo pendurado naquele varal?

Será tudo tão somente isso?
Mundo dual. Dois planos. Dois lados.
Eu. Você. Todos nós somos, a um só tempo,
todo o Bem e todo o Mal do Universo

E na *transfiguração* e no nada exilado,
ouso pensar se é perverso ou lúcido quem
sente mas, tão obviamente, ousa apenas pensar

O *voo sobre fogo* já não há
E da memória até as cinzas, pouco a pouco, se vão...
Aqui neste nada, neste vão todo escuro,
resta apenas a esperança de ouvir a si mesmo,
surdos gritos na insuportável ilha de solidão
que somos nós quando somos e pensamos apenas um

Necessário voltar, mas para onde?
Alma, estou no infinito e, lá embaixo,
meu corpo é quase ossos rangendo saudade
de tudo o que no fosso do passado ficou

Antes que o *desencanto* se transforme em total indiferença
penso em como foi possível estar aqui, no nada,
separado do meu corpo abandonado no varal
Seremos mesmo inseparavelmente dois, corpo e alma,
ou só o que nunca conseguiremos compreender?

Entregue ao *cansaço*, nave de mim mesmo,
recomeço meu retorno ao princípio de tudo

Visto de tão longe, infinito contexto universal,
o Planeta Terra é apenas um minúsculo ponto
Um ponto. Final de uma frase? De uma fase?

Houvesse mais dois, o que seriam as reticências?...
A simples descontinuidade de um pensamento
ou a clara indicação da eterna, mas mutável, existência?

Sem resistência, alma, entrego-me ao regresso...
Sei que será breve e leve a minha livre queda
A Terra logo assume o tom de hipnótico azul
Ali, bem ali, os contornos da América do Sul

Agora tudo se chega em assustadora velocidade...
O Brasil, minha antiga cidade
O bairro da infância com seus coretos e praças...
A casa com frutas e pássaros no fundo do quintal...

O longo corredor com paredes e fotos manchadas
Na sala, o rádio *Standard Electric* chia, mal sintonizado
Na cozinha cheiros e o barulho da panela de pressão
Minha mãe, expressão e sorriso de quem espera...
Água e confortável escuro...
E, de novo, o mergulho no indecifrável mistério.

Raimundo Gadelha nasceu na Paraíba. Por formação, é publicitário e jornalista, profissões das quais se distanciou desde a década de 1980, quando começou a se dedicar mais intensamente à fotografia, clicando e expondo o resultado de suas andanças por mais de 30 países. Sempre dedicado à literatura, em 1994 abraça seu desafio maior: a fundação da Escrituras Editora. Hoje, seguramente, a casa editorial que mais publica poesia no Brasil. Mesmo como editor, Gadelha não abdicou da sua própria produção literária. Atualmente, já são 13 títulos distribuídos dentre os gêneros poesia, conto, teatro, romance e fotografia. *Vida útil do tempo* (poesia, 2004) e *Em algum lugar do horizonte* (romance, 2000), publicado na Grécia, no México e em Portugal, são seus trabalhos mais recentes.

Sérgio Gomes é um artista alagoano que reside em Recife desde 1990 e atua como professor de desenho artístico na SAGA - School of Art, Game and Animation. Quando não está ministrando as aulas de desenho, produz quadros usando uma técnica diferenciada,com um apelo voltado para a questão da sustentabilidade. Com grande criatividade, transforma em arte materiais que seriam jogados no lixo, como caixas de leite, filtros usados de café e recortes de jornal.

Os seus trabalhos artísticos podem ser apreciados no site: http://sergiobgomes. wordpress.com, onde estão publicados também os seus desenhos de retratos e caricaturas.

Impresso em São Paulo, SP, em novembro de 2011,
com miolo em couché 170 g/m^2
e postais em cartão 250 g/m^2,
nas oficinas da Formag's Gráfica e Editora Ltda.
Acabamento feito pela Aquarius Gráfica e Editora.
Revestimento de capa com Tecipaper produzido na Visual Paper Ind.
e Com. de Papéis Especiais – www.visualpaper.com.br
Composto em Rotis Sans Serif, corpo 18,5 pt.

Não encontrando esta obra nas livrarias,
solicite-a diretamente à editora.

Escrituras Editora e Distribuidora de Livros Ltda.
Rua Maestro Callia, 123
Vila Mariana – São Paulo, SP – 04012-100
Tel.: (11) 5904-4499 – Fax: (11) 5904-4495
escrituras@escrituras.com.br
vendas@escrituras.com.br
imprensa@escrituras.com.br
www.escrituras.com.br